BEI GRIN MACHT SICH IHR WISSEN BEZAHLT

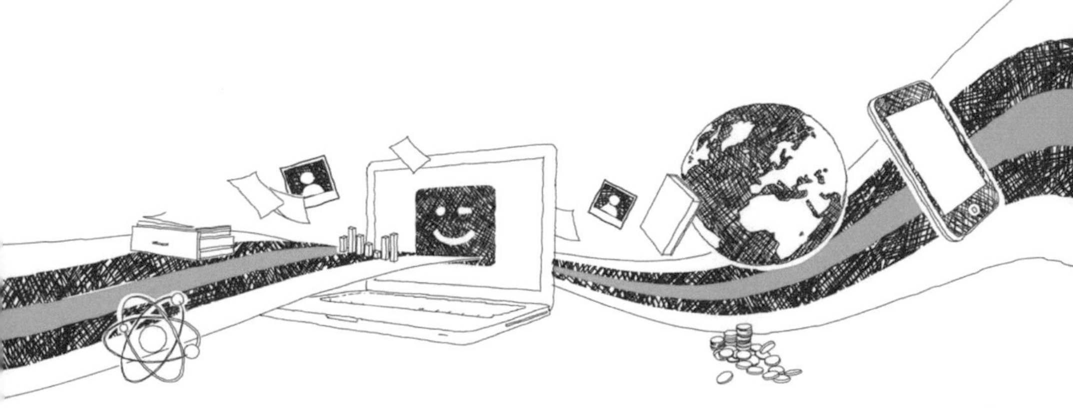

- Wir veröffentlichen Ihre Hausarbeit, Bachelor- und Masterarbeit

- Ihr eigenes eBook und Buch - weltweit in allen wichtigen Shops

- Verdienen Sie an jedem Verkauf

Jetzt bei www.GRIN.com hochladen und kostenlos publizieren

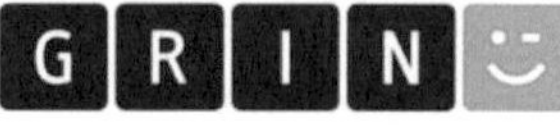

Nadia Sonnenfroh

Louise Bourgeois

Zusammenfassung; geeignet für das Abitur

GRIN Verlag

Impressum:

Copyright © 2011 GRIN Verlag, Open Publishing GmbH
Druck und Bindung: Books on Demand GmbH, Norderstedt Germany
ISBN: 978-3-640-89113-9

Dieses Buch bei GRIN:

http://www.grin.com/de/e-book/170309/louise-bourgeois

Louise Bourgeois

1. Leben

- Geburt **25.12.1911** als zweite Tochter in Choisy le Roi bei Paris
    - Ältere Schwester und jüngeren Bruder → viele ungelöste Konflikte zw. den Geschwistern
- Tapisserierestauratoren
- Wohnung und Werkstat lagen gegenüber eines Schlachthofes
    - Viel Blut und Gestank
    - Fragmentieren der Tierleiber
- Wirren des 1. Weltkrieges → Vater ist im Kriegsdienst
    - Nach dessen Rückkehr nimmt Familie zwei Söhne des im Krieg gefallenen Bruders des Vaters auf
- **1918** Als ihre Mutter erkrankt legt sich ihr Vater eine Geliebte für 10 Jahre zu → Sadie Gordon Richmont als Englischlehrerin der Kinder (Arrangement ihrer Mutter?)
    - Mutter ist zu schwach sich zu wehren und toleriert dies resignierend→ Louise fühlt sich von allen hintergangen
    - Tiefer Groll gegen Vater
    - Störung des Familienfriedens
- Sie leidet unter Verhalten des Vaters
    - Er hat sich einen Jungen gewünscht
    - „Wenn ein Junge geboren wird, dann ist die Familie glücklich. Wenn ein Mädchen geboren wird, dann findet man sich damit ab, man toleriert die Tatsache."
    - machte sich über sie lustig und stellte sie am Esstisch bloß
    - dominant, selbstgerecht und autoritär
    - Mangel an Liebe und Zuneigung

  → enge Beziehung zu ihrer Mutter
    - beste Freundin ihrer Kindheit
    - Pflege der kranken Mutter
- Früh unterstütz sie ihre Mutter in der Werkstatt
- Mit 12 Jahren in Tapisseriehandwerk eingeführt
    - Zeichnungen zur Ergänzung fehlender Teile der unteren Teile → Füße
    - Zeigt das sie gut ist aber bekommt keine Anerkennung
    - Später musterartige Zeichnungen und aus Textil gefertigte Figuren

Probleme der Kindheit
- Geschwister
- Mutter wird von Vater hintergangen
- Verhalten des Vaters
- Fühlt sich auch von Mutter hintergangen

- Schule = Ort der Zuflucht, an dem sie sehr glücklich war und der sie von Zuhause isolierte
- **1932** Abi und Mathematikstudium; Tod der Mutter
- **1933-38** Kunststudium/Studium der Kunstgeschichte bei vers. Kunstschulen in Paris
    - Fernand Legér

  → Paris: fühlt sich als Gefangene, obwohl Französin
- **1938** heiratet US-amerikanischen Kunsthistoriker Robert Goldwater
    - Übersiedlung nach NY:
        - alles möglich, fühlt sich wohler
        - fasziniert von amerikanischen Gewohnheit
- Adoption von Michel, **1940** Geburt von Jean-Louis und ein Jahr später von Alain
    - Leben als Mutter und Künstlerin → schlechtes Gewissen
    - Robert wegen seinem Beruf viel beschäftigt und oft unterwegs → Erziehung und Haushalt hängt an ihr

Konflikt: Erwartungen der Gesellschaft als Ehefrau und Mutter und eigentliche Persönlichkeit zu leben → Sehnsucht nach künstlerischer

- **1967** Reise nach Italien: Marmorbearbeitung
- **1973** Tod von Robert Goldwater
- **31.5.2010**

→ **„Der schöpferische Impuls für alle meine Arbeiten ist in meiner Kindheit zu suchen."**

2. künstlerische Wandlung / Stilfindung

30er/40er
- Surrealismus
    - Während ihrer Zeit des Studiums in Paris bei Fernand Léger
    - Aber auch in NY, da surrealistische Künstler nach Amerika flohen
    - Praktiken des Zufalls, Unbewussten → Freuds Psychoanalyse
        - Assoziationen, frei von Vernunft
        - Schlimme Kindheit, Aggressionen aus Unterbewusstsein als Motivation
        - Will Probleme nicht lösen
    - Faible für Primitivismus
    - In Form und Umsetzung Nähe zu Surrealisten
    - Nichtachtung der Surrealisten, des arroganten Duchamp oder des neunmalklugen Max Ernst, die mit Frauen, wenn sie nicht reich waren, nichts zu tun haben wollten
    - → Anlass ihres Rückzuges in eigene Kunstwelt
- abstrakter Expressionismus in Malereien spürbar

Ab 40er
- mit Malerei aufgehört
- Primitivismus / Minimal Art
    - z.B. Personnages
    - Konzentration der Form auf wenige ausdrucksstarke Züge
    - Charakter des Unverfälschten, Ursprünglichen
    - Kritik an ästhetischen Konzepten und Weiblichkeitsvorstellungen der Moderne
    - Kritik an etablierten Kunstbegriff und der männlich dominierenden Kunstszene in New York
    - Robert hat ein Buch über die Kunst des Primitiven geschrieben

50er
- Expressioninsmus
    - Ausstellungen zusammen mit abstrakten Expressionisten (Jackson Pollock, Mark Rothko)

50er/ 60er
- Neue Materialien wie Gips, Latex, Stahl, Bronze, Marmor

60er
- Einzug der Theorie
    - Kunst wurde feministisch, aktivistisch, politisch

70er
- Feministische Kunst
    - Seit späten 70er Jahren
    - Provokation – Antithese zur makellosen Schönheit
    - Männliche Strategie (Frau gehört an den Herd) in ihre weibliche Strategie umgewandelt
        - Kunst mit dem ihnen zu geteilten Bereich
            - Fotos von Kochplatten
        - Frau gehört an Herd um Kunst zu machen
    - Louise Bourgeois: erotische Strumpfhosen werden umfunktioniert um aus Gestell Figur zu machen
    - Fragmentation des weiblichen Körpers um das herrschende Bild der Frau dekonstruieren
    - Durch Happenings, Performance- / Body-Art wird Körper zum künstlerischen Medium
        - Zusammenhang zw. Künstlerin und Werk

80er
- Minimal Art
- Vielbrüstige Skulpturen → Antike

- Concept Art
- Process Art
- Naturalismus

> Sie sei Existentialistin, sagt sie, ihre Kunst sei ein Reflex auf ihre Ohnmacht im Leben Denn Macht, gesteht Louise Bourgeois, mache sie hilflos, und im Leben identifiziere sie sich stets mit den Opfern. In der Kunst dagegen sei sie die Aggressorin, die zerschlagen, zerstören, zerteilen könne.

→ **keinem Stil vollständig zuzuordnen, da lange Zeit des künstlerischen Schaffens**
→ **Quelle ist ihre Vergangenheit → hat nicht „abgeschaut"**
→ **aber beeinflusst**
- Frühwerk stark europäisch
  - Legér, Matisse
  - Brancusis, Giacometti
  - Bauhaus, Surrealismus, abstrakter Expressionismus
- Kannte Werke von antiken/früheren Künstlern auch außereuropäisch
  - Artemis von Ephesus
  - Frauenfiguren aus Steinzeit
  - Max Ernst „ Mondspargel" 1935
  - Minimal Art, Primitivkunst

> Frage, ob sie sich bewusst von ihnen beeinflusst lassen hat, bleibt offen

→ **Stilpluralismus** geht mit Stilen spielerisch um, Kombination, Vielfalt
→ **postmoderne Künstlerin**

3. Motive/Symbole

- Das Haus
  - Eigene Bindung an Haus: häusliche Verpflichtungen wie Kochen, Putzen, Kinder Aufziehen → Rolle als Mutter und Hausfrau und Ehefrau
    - ↳ Ihre Mutter sowie sie selber
    - ↳ Frau unterliegt dem Haus
  - Schlechtes Gewissen Kindern nicht gerecht zu werden, da sie als Künstlerin selten zuhause
    - ↳ Spannung einer unlösbaren Situation
  - Räumliche Enge, Einschließen, Einsperrung, Einengung, Verpflichtungen, Abhängigkeiten, Isolierung
  - Sicherheit, Geborgenheit, Heim der Familie, Zuflucht
  - Erinnerung an Kindheit
    - ↳ In Kindheit keine Ruhe/Stabilität → ruhige Hausstabilität nur Fassade
    - ↳ Wohlstand, Pracht, Annehmlichkeiten eines großbürgerlichen Lebens
    - ↳ Begegnung mit der Arbeiterwelt durch Manufaktur
    - ↳ Anfang → wichtigste Station am Anfang ihres Lebens
  - Haus bestimmt Handlungsfeld und Denkhorizont
  - Für ihre Mutter Schutzraum
  - Prachtvolles Haus wird zur hohlen Fassade / trügerische Hülle → innere Leere, starke Täuschung
  - → Ambivalenz, Metapher für ihre unterschiedlich erlebten Lebensabschnitte

- Spiegel (Öffnungen)
  - Beleuchten genau das Dargestellte, geben detaillierten Einblick
  - Geben Gegenstand von allen Seiten wieder
    - ↳ Große Bedeutung des Gegenstandes
    - ↳ Ausgeliefertsein einer Beobachtung
  - Selbsterkenntnis, Wahrheit, Spiegelbild der Seele
  - In Psychotherapie: Bewusstwerden von unbewussten Problemen
    - ↳ Mehrfache Reflexion der Erinnerungen
    - ↳ Erinnerungen ständig präsent
  - Verschiedenen Perspektiven, die zT ohne nicht möglich wären
  - Einbeziehen des Betrachters
  - Betrachter = Voyeurs → Betrachten von außen
    - ↳ Durch reine Betrachten / Dastehen kann er sich unterschiedlichen Bildern hingeben
    - ↳ Kann seinen Emotionen freien Lauf lassen, Environment auf sich wirken lassen, Meinung bilden
    - ↳ Auseinandersetzen mit eigenen Gefühlen

- <u>Gitter</u>
  - Eingeschlossen sein
  - Zwar uneingeschränkter Einblick aber verhindert Eintreten
  - Einschränken der Bewegungsfreiheit
  - Käfig → Gefangenschaft

- <u>Phallus</u>
  - Ambivalenz des Harmlosen und Bedrohlichen
  - Ambivalenz des Männlichen und Weiblichen
  - Gewalt/Dominanz/Herrschaft des Männlichen
  - Gegenstand ihrer zärtlichen Aufmerksamkeit
    - ↪ Mit 4 Männern gelebt
  - „Es geht um Verwundbarkeit und Schutz aber auch um Furcht"
  - oft als Turm dargestellt

- <u>Spinnen</u>
  - Lieblingstiere & Markenzeichen
  - Ihre Mutter
    - ↪ „ Meine Mutter ist meine beste Freundin. Sie war klug, geduldig, tröstend, feinfühlig, fleißig, unentbehrlich und vor allem sie war eine Weberin – wie eine Spinne."
    - ↪ Beschützerin vor Angst

- <u>Torso, Kopf-, arm- oder beinlose Frauenkörper</u>
  - Ohne Arm
    - ↪ Hilflosigkeit
  - Verwundbarkeit
  - Torso sieht oft Penis ähnlich
    - ↪ Ambivalenz zw. Männlich und Weiblich
  - Antithese zur makellosen Schönheit
  - Ohne Kopf
    - ↪ Kastrationsangst der Männer (nach Freud)
  - oft Aussehen eines Phallus
    - ↪ Ambivalenz zw. Männl/ Weibl.
  - Fehlende Unversehrtheit
  - Rolle der Frau als puppenhaftes Objekt den sinnlich erfahrbaren weiblichen Körper zu präsentieren
  - Eingeschränkt in körperlichen Handeln / Denken → Kopf fehlt zum Denken, Glieder zum befreien fehlen
  - Erfahrung oder Angst von / vor Verlust
  - Oft nicht als Zufall der Geschichte oder Absicht des Unvollendeten sondern des bewussten Verstümmelns

- <u>Auge</u>
  - Blindheit ↔ Sehen
  - Blindheit von der Liebe der Mutter/ Vater
  - Erinnerung an traumatische Kindheitserfahrung

- <u>Zahl/Anzahl 5</u>
  - Anzahl der Familienmitglieder
    - ↪ Mutter, Vater, ihre Geschwister
    - ↪ Sie selbst, Robert, ihre Kinder

- <u>Farbe Weiß</u>
  - Führt zurück an den „Anfang" → Kindheit, Unschuld
  - Reinheit

- <u>Farbe Blau</u>
  - Lieblingsfarbe
  - Versetzt Betrachter in Frieden

- <u>Zwei Hände</u>
    - o Metapher für Zweisamkeit / Innigkeit
    - o Gegenseitige Abhängigkeit
    - o Hände, die gebraucht werden um ihre Mutter zu unterstützen
    - o Ineinandergefügtes, krampfhaftes Festhalten ➜ beschützen ihrer Mutter auch wegen ihrer Krankheit
    - o Inniges Verhältnis ➜ Kraft und Stärke

- <u>Kontrast (zB. in Bearbeitung einer Skulptur)</u>
    - o Zw Liebe, Gefühlen und Zärtlichkeit (Mutter) und Aggression und Kraft (Vater)

- <u>Materialien</u>
    - o Mittel zum Ausdruck der Gefühle
    - o Bearbeitung und Formgebung ➜ Last der Vergangenheit wird scheinbar leichter
    - o Marmor
        - ↳ Hart, schwer zu bewältigen, kühl, schwer ➜ Last der Vergangenheit
        - ↳ Fein bearbeitet: lange Zeit ➜ Liebe, Zuneigung
        - ↳ Scheinbar unbearbeiteter Block: Kampf um die Liebe, Aggression
    - o Textilien
        - ↳ Erfahrungen in elterlichen Werkstatt
        - ↳ Wiederentdeckung ihrer Kindheit
        - ↳ Nähe zur Familie

- <u>Nacktheit</u>
    - o Schutzlosigkeit
    - o Natürliche Schönheit

4. Themen

- Aspekte zur Betrachtung ihrer Kunst

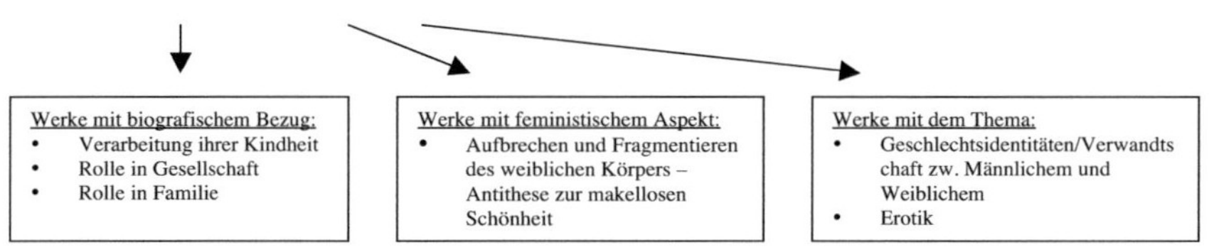

Biografischer Bezug / Kindheitserlebnisse
- Verarbeitung der Kindheit, Therapie
- Verletzungen zum Thema ihrer Kunst

Männlich – Weiblich ➜ Problematik der Geschlechter / sexuelle Begierde, Gewaltfantasien
- Angst Frau zu sein, weil sie Angst vor Mann hat
- Phallus
- „Wenn ich Angst habe greife ich zu maskulinen Mitteln, wenn ich keine Angst habe, bin ich sehr feminin."
- Es geht immer um Sexualität oder ihr Fehlen
- Sexualität hat nur Funktion
- Erotik umfasst viel mehr
    - ↳ Real oder imaginiert
    - ↳ Erwidert oder unerwidert
    - ↳ Begehren, Flirt
    - ↳ Angst vor Versagen, Verletzbarkeit/Verwundbarkeit, Eifersucht, Gewalt, Bedrohlichkeit, harmlos

> Interessiert sich für all diese Elemente

- Geschlechterverschiebung, geschlechtlich ambivalente Körperinszenierung, Vereinigung der Geschlechtsgenitalien ➔ Gegensätze verschmelzen / austauschbar, Mischung, Verwechselung, Verdrehung
- Ambivalenz
- Sie kritisiert die Bedeutung, die dem Körper durch geschlechtliche Bestimmung zugewiesen wird
- Mann-Frau-Beziehung
  - ↳ Zu ihrem Vater
  - ↳ Zu ihrem Mann Robert
- Brüste, Beinstümpfe verwandeln sich in einen Phallus ➔ keine eindeutige Festlegung auf ein Geschlecht

Gefangen sein
- Einnehmend
- Zellen, Häuser, Nischen, Objekte, Räume

Angst

- Gibt ihr eine Form
- Wendung: Angst ist an sich passiv doch durch das erneute Durchleben und „wegmeißeln" der Angst, übernimmt man die Kontrolle und wird aktiv

- im psychoanalytisch 20. Jahrhundert sämtliche freudianischen Klischees aufgegriffen, hat sich an ihnen abgearbeitet und sie entweder verstärkt oder gebrochen
- Beziehungen zu anderen Menschen motiviert, inspiriert sie

➔ **will ihre Probleme nicht lösen, Vergangenheit nicht lösen**
  - o Teil von ihr ohne das fühlt sie sich nicht so sicher
  - o Identität / Quelle ihres Werkes / Schaffens
  - o Inspiration würde wegfallen

5. Technik / Material / Verfahren / Vorgehen

- Herausforderung
  - o Eigenschaften/Widerstand des Material zu beachten ➔ Reiz
  - o aber dennoch Wille das Material der Form unterzuordnen
- Formsprache ➔ große Bandbreite
  - o Abstrakt
  - o Gegenständlich (naturnah)
    - ▪ Houses, Körper, Füße, Hände
- Sublimierung
  - o Auf das wesentliche vereinfacht
- Fragmentieren
  - o Zerstückelte, vervielfachte, geschlechtlich ambivalente Inszenierungen des Körpers
- Eliminieren
- Holz, Marmor, Bronze, Gips, Latex, Kunststoff, Textilien
- Formen sind im Alter einfacher + detaillierter geworden, überflüssiges wird eliminiert = visuell bedeutender, Beziehungen intensiver/ komplexer
- Wie der Barockkünstler Bernini und später Rodin lässt auch sie an ihren Figuren den rohen Stein stehen
- Thematische Wiederkehr / Wiederaufnehmen

6. Werk / Œuvres

Formale Perfektion
- Form und Inhalt ist für sie wichtig
- Emotional beeinflusst/motiviert, aber Form muss absolut rein und streng sein
- Provozierend, bedrückend, einnehmend, beängstigend
- Darstellen einer Emotion, nicht eine Idee/Bild

Malerei
- Selbstporträt
- Themen der Flucht aus Frankreich
- Femme Maisons

Zeichnungen
- Entwurf/Vorlagen für Skulpturen, Installationen
- Festhalten einer Emotion
- autonome Zeichnungen
- entstehen in schlaflosen Nächten
- auch oft vor dem Schlaf, da Idee aber keine Zeit mehr für Skulptur
- in Wohnung in NY zu wenig Platz um Skulpturen zu machen
- Kritzeleien zum Verscheuchen der Leere
- Schraffur der Konturlinie = Wiederholungen
- Autonome Zeichnungen
  - ↪ Häufigste Themen: Mutterschaft, Elternschaft, Familie
- visuelle Notizbuchblätter

Persönliche Kunst
- Als Verarbeitung, Therapie
- Rekonstruktion ihrer Vergangenheit

Allgemeinkunst → Allgemeingültigkeit
- Muster, die sie verwendet hat, sind so verbreitet, dass man für sie Allgemeingültigkeit beanspruchen darf

Vielfalt
- Vielseitig, flexibel in Material und Themen
- Fein ausgearbeitete, figürliche Plastiken, große raumeingreifende Installationen

7. Interpretation / Deutung
- Bourgeois bietet offenkundige Deutungen an und lässt den Betrachter im selben Moment völlig im Unklaren darüber, ob diese Deutungen auch tatsächlich zutreffend sind
- Betrachter muss selbst entscheiden, interpretieren

8. Selbstbild/Selbstverständnis als Künstlerin

- Man kann Gabe nicht erwerben, nur annehmen oder ablehnen
- Zwingende Bedingung zu arbeiten
- Ich vergebe nicht und ich vergesse nicht
- Kunstwerk muss für sich stehen nicht für Künstler
- „I do destroy and I redo it"
- Vergangenheit aufleben lassen um etw. zu befreien
- „ Ich behandele keine Themen, die ich nicht verstehe."
- Bildhauerei befreit
- Geschichte interessiert sie nicht
- „Warum mit überflüssigen beschäftigen"
- ruht nicht in sich, weiß nicht direkt was sie will
- Frau und Künstlerin, die sich Jahre und Jahrzehnte behauptet hatte
- Vorkämpferin von Eigensinn und Durchhaltevermögen
- Besessenheit nützlich zu sein → als Mädchen für Vater nicht nützlich
- Workaholic
  - Macht Kunst um über den Tag zu kommen
  - Mit 90 Jahren 6 Tage die Woche
  - Sonntags: empfängt Freunde und junge Künstler

* Zu ihren Werken
    - „Sie sind eine Quelle der Kraft, die mir erlaubt, das Alltägliche, das ich so schwierig finde, zu meistern."
    - Beruhigungsmittel
    - „Ich brauche meine Erinnerungen. Sie sind meine Dokumente."
* Einzelgängerin
* Es hilft ihr nicht sich mit Leuten (z.B. Feministinnen) zu verbünden
* Künstlerin in der dritten Lebensphase
* eine der ersten Künstlerinnen, die installativ arbeitete, indem sie ihre Skulpturen als zusammenhängende Teile in einem räumlichen Kontext arrangierte

9. Anerkennung / Ausstellungen

* Versucht sich von öffentlicher Anerkennung so wenig wie möglich abhängig zu machen
    - Doch: „Die Arbeit kann mich überzeugen, wenn ich feststelle, dass sie sie überzeugt."
* Kein Bedürfnis ihre Werke zu zeigen
    - Privileg so lange nicht entdeckt worden zu sein
    - „Nichts schützt dich so sehr wie die Anonymität. Und dies ist die Geschichte meiner Karriere."
* 1945 1. Einzelausstellung
* Größte Zeit ihres künstlerischen Schaffens bleibt sie unbeachtet
* 1982 Retrospektive im Museum of Modern Art Durchbruch in Amerika
* erst durch Jan Hoets documenta 1992 wird sie international bekannt
* 1993 Teilnahme an Bienale in Venedig
* Grande Dame der feministischen Kunst
* Zeugin des Jahrhunderts

10. Quellen

Unterrichtmaterialien
http://de.wikipedia.org/wiki/Louise_Bourgeois 11.4.2011
http://www.3sat.de/page/?source=/kulturzeit/specials/85401/index.html 11.4.2011
http://www.zeit.de/kultur/kunst/2010-06/louise-bourgeois-tot 11.4.2011